AF347293

CRÍA CUERVOS

ExLibric

REBECCA J. DAVERN

CRÍA CUERVOS

EXLIBRIC

ANTEQUERA 2019

REBECCA J. DAVERN

CRÍA CUERVOS

*A todo aquel que desee leerme, que recuerde
que se puede vivir sin espejo y contemplarse a
uno mismo en la luna de la memoria. Así es
cuando los demás nos hacen realmente bellos*

A mi autor, esté donde esté

Índice

PARTE I. NACER

PARTE II. CRECER

PARTE III. REPRODUCIRSE

PARTE IV. RENACER

PARE I. NACER

NOMBRES

Un nombre no puede ser poesía.

Un nombre no puede traerte a alguien de vuelta.
Un nombre no puede significar dos rostros.
Un nombre no puede hacerse añicos.

Un nombre no debería ser un tatuaje,
bastante tenemos ya con los que se han quedado
grabados sin tinta.

Un nombre no puede atravesar ciudades.
Un nombre puede erizar la piel.
Un nombre no puede borrar el salitre.
Un nombre no puede vivir en una cicatriz
para siempre.

Un nombre no puede volver la noche en día.

Pero un nombre puede ser pesadilla.
Un nombre puede convertir sueños en insomnio.
Un nombre puede ser una rosa en el viento.
Un nombre puede devolverte a casa.

Un nombre puede, claro que puede, ser desierto,
destierro de manos que buscaron cobijo.

Un nombre puede devolvernos a casa…

Y tu nombre, el solo hecho de oír tu nombre,
bastará para sanarme,
aunque no pueda ser poesía.

NOSOTRAS

Escribí tu nombre tres veces en la arena
y las tres veces
se hizo adarce.

Ya no sé qué somos,
ya no sé qué quieres...
—preguntas.

Bésame —suplico.
Y te caes en mis manos hecha de niebla.

Hazte sólida —te pido—.
Deja de diluirte en mis venas.

Pero nunca encuentro razones,
tú nunca buscas respuestas.

¿Qué somos? —repito—.
¿Qué quieres?

Y te encuentro en la cama:
a tu cintura la abarcan tres estados.

Y yo no puedo evitar querer equivocarme,
porque siempre me he equivocado contigo.
Por eso, tu nombre se borra en la arena.
Ya somos historia.

Podíamos haber sido nosotras.

INTÉNTALO

Me eché al mar en vez de correr,
porque me equivoqué de escalera.
Escogí el número tres y el triángulo isósceles,
que era lo que más se parecía a nosotros
y, en vez de oros, copas.
Quizás empieces a entenderlo.

Dije cruz y no cara,
porque odiaba la mía,
y sigo nadando en el mar
hasta volverme azul y ahogarme,
pero siempre sale tu reflejo en alguna parte.
Que por tu maldita culpa ahora pienso
que lo negro es realmente lo que vive,
que los colores son solo sombras
y que estoy condenada a limitarme.

Cuando no nado,
las calles siempre son las mismas:
se dilatan, se disipan. Siempre grises,
como si fuesen víboras a punto de acorralarme

y, aunque no me dañen,
no se terminan
y desembocan delante de la misma piedra,
donde siempre tropiezo
una y otra
y otra vez.
Quizás te suene, porque es ahí
donde acabamos haciéndolo
cada vez que nos cruzamos.

Estamos condenados,
pero no podría elegir otra escalera.
Si tengo que tocar con otros acordes,
prefiero no cantar y estar callada,
y de paso vuelvo al mismo camino.
Pero si me reencuentro contigo,
no oirás nada
hasta que colisionen nuestros pechos
y quizás entonces entiendas
por qué cada vez que me voy
dejo atrás tormentas.

DESCÓSEME

Descose mis cicatrices y llénalas de besos,
cúralas, aunque ardan con tu saliva y escuezan,
porque no dolerá.

Dilata mis pupilas con el roce de tu cuerpo
y luego cúbreme con tu piel;
disloca mis huesos y recomponme;
destrózame;
déjame sentir todo esto y llévalo al límite.
Te juro que estaré bien.

Arrebátame todos mis pensamientos,
haz que sólo piense en ti; reina en mi cerebro;
hazme sentir que estoy completamente viva;
róbame hasta los versos,
aunque a ti te los escriba.

Descóseme pieza por pieza;
haz de mi alma tu templo y lléname de tus pecados;
dime a qué tienes miedo y déjame luchar por ti;
hazme sentir única, eufórica en exceso;
llévame de tu mano hasta morir.

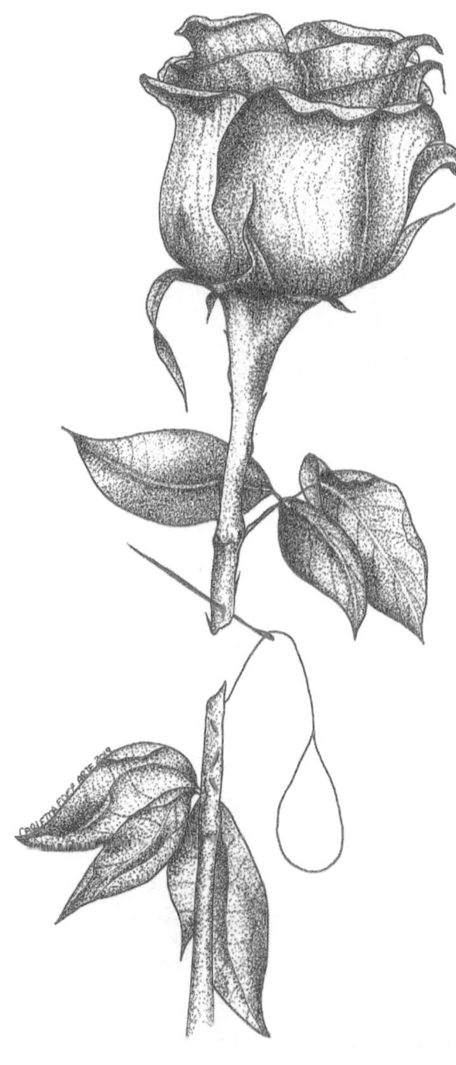

CANON

Sabía que vendrías a acorralarme
y que cambiarías todas mis expectativas
de una realidad que yo misma había derribado
al verme.

Sabía que estarías escondido en mis arrugas,
esperando a verme desprotegida,
a pesar de mi sonrisa gélida tras el pintalabios
de marca blanca.

Sabía que habitarías en todos mis espejos
tan pronto te dejase pasar,
pero no entendía lo fuerte que eras,
querido canon de belleza artificial.

Sabía que vendrías a atarme a una persona
que ya no era yo, mientras fingía
que mis huesos no se notaban y que mis ojeras
jamás habían estado ahí.
Me vi vulnerable a todo a medida que cambiaba,
hasta mis huellas dactilares se fugaron

a cada paso que daba el verano
y llegaban las estrías a mi piel.
Así fue
y llegaron las miradas, el ver mi cuerpo
destiñéndose ante mis propios ojos.
Sin ir más lejos, me perdí en un universo
tan distorsionado como el agua.
Ahora te temo.
Me has hecho de complejos;
me pregunto cuándo te irás,
porque si es lejano, al menos,
déjame respirar,
querido canon de belleza artificial.

ACUARELAS

Todo lo que hay aquí son ganas de seguir sintiendo,
ganas de terminar nuestra canción
mientras nuestra piel cede.
Intento no enamorarme de ti,
pero en lo que llevamos de estribillo
lo he hecho un par de veces.
Era tan fácil…
pero lo complicaste todo
y entonces me di de bruces contra tu nombre.

Rodeaste tu cintura
con un camino bifurcado de acuarelas
y resultó ser tan fluido que vi cómo hasta ti
podía llegar cualquiera y quedarse,
sin canciones a cambio.
No pude soportarlo.
El disolvente consiguió que no pudieses tocarme
y me mirabas como si no me entendieras,
con los ojos azules tintados de otro color
más frío —si cabe—,
pero si podía ser cualquiera,
¿por qué me culpas por irme?

Yo sólo tenía ganas de sentirte
y tú de pintar el mundo.
Supongo que yo no estaba preparada.
pero tú ya habías dejado huella.
No sé qué estación eres.
Creo que quiere llegar el invierno
para poner las más bellas flores
en escaparates
y marchitarlas una a una,
como si nada,
haciendo gala del dolor que provoca,
sin ni siquiera entristecerse.

Creo que quiere llegar el invierno,
lo siento en mi piel blanquecina
y en las promesas vacías del verano;
se acerca para decirme que nada era tan frío
que nada era tan malo
como él.
Pero debo decirle
que sí, que él arrebata lo bello del mundo,
pero que nada es peor,
—ni siquiera mil inviernos más—
que sentir cómo se quiebran tus labios,
mientras anuncias que te irás con las flores
allá donde nunca deja de nevar.

Creo que quiere llegar el invierno,
y tú te alejas.

Entonces ¿cuál es el precio?
¿Cómo retenerte un par de estaciones más?

Parece que quiere llegar el invierno.
En mi pecho es primavera todavía,
todavía estoy naciendo.

No dejes que me arranque los pétalos,
no los necesita para saber que te quiero.
Sabes que siempre diré que sí
con todo mi cuerpo.

Dime,
¿dejarás que me convierta en rosa
o prefieres enterrarme en nieve?

Parece que quiere llegar el invierno.
Será que estás a punto de irte.

NADÉ TANTO QUE ME AHOGUÉ

Nadé tanto aquella noche en tus ojos azules
que desperté náufraga en tus manos
e intenté guiarme por tu cuerpo hasta tu mente
y conseguir que me desvelases tus secretos.

Hallé tantas cosas en mi camino,
cuando nos cruzamos,
que los versos eran escasos para describir
todo lo que tus manos me iban dando
y quitando.

Corrí tanto hacia ti
que mis pies quisieron rendirse
y se desplomaron en el suelo
metros antes de la meta de tu cuerpo,
mientras mis manos suplicaban más.

Viví tanto dentro de tu pecho
que cuando no latiste por mí me sentí extranjera
de tu piel y, aunque quise volver a pertenecerte,
tus costillas ya se habían hecho de cieno.

Nadé tanto que me ahogué
entre besos e incertezas.
¡Cómo olvidar la vez que te vi desnuda
justo antes de salir por la puerta
con mi corazón a medias,
con mi pecho en ayunas
y sin ganas de volver a respirar
si no era por ti!

Nadé tanto que me ahogué
pensando que, quizás,
tú me salvarías.

PARTE II. CRECER

NOMBRADME REINA, QUE SOY JOVEN

Me observo distorsionada
en el espejo del baño de atrás;
la música suena embotellada al fondo,
mientras me despejo analizando mi pupilas dilatadas,
tratando de mantener el control.

Estoy a punto de cruzar la línea del bien y del mal
y de romperla.
El redoble suena.
voy a comerme el mundo,
porque mi euforia desea salir a bailar
y a sentirlo todo en una noche,
sentir a quien desee,
porque puedo, porque soy joven.

No respondo de mis actos
ni de mí misma.
El ambiente del bar está tan cargado de algo
que nos hace levitar,
que ni siquiera toco el suelo con mis tacones.

Entre berridos y notas desentonadas,
mis manos tiemblan de puro nervio
y éxtasis.
Ya llega, ya llego.

Mis amigos no desean que termine esta noche.
Y yo les miro casi con recelo,
todos bebiendo y cantando,
mientras alguien tira su copa
y se rompe mojando el suelo
junto a las otras copas de cristal.
¡Qué importa!

Alguien grita, pero nadie parece percibirlo
y la música cambia de forma drástica
al compás de nuestros gemidos
y ataca nuestros sentidos.
Ahora es mi turno:
hoy tengo dominio sobre todas las lenguas.

Entre beso y beso
damos otro trago al amargo alcohol
que cura falsamente las heridas
por un tiempo limitado
—una sola noche—,
y juro que sienta mejor que el calor
de cualquier hombre.

Sin embargo, por las mañanas no somos nadie,
ni yo, ni mi generación,

salimos a fumar y nos perdemos en el humo
o contando rayas níveas,
sentados en círculos en mi salón,
mientras banalizamos el amor
y nos dopamos con nuestras falsas historias,
pero siento que algo comienza a cambiar en mí
y ya nada me coloca del mismo modo.

Porque yo sé que soy diferente,
soy algo más.

Por eso vengo a revolucionar la jerarquía social,
yo y mis problemas en la cima.
Mi narcisismo marca las reglas
y el ritmo de mis latidos es marcado por una canción.
Soy la viva imagen
de todo sobre lo que tus padres te advirtieron.

Y me gusta ser eso,
pero poco a poco descubro los secretos de la vida
y parece que por cada cosa que aprendes
los años se vienen encima de forma inconsciente,
así que viviré en la ignorancia
—no pagaré ese precio—,
viviré en una fiesta continua;
yo seré atemporal,
incluso cuando ya ni mi piel lo sea.

Y yo, en plenas facultades narcisistas,
gritaré a pleno pulmón que me proclamen reina,

mientras todavía sea joven
y tenga en la palma de mi mano
un millón de corazones rotos,
un millón de sentimientos aleatorios
y la valentía de cruzar la línea entre el bien y el mal.

Nombradme reina, que soy joven.

NO SIN TEQUILA

Me gusta la vida.
Las calles grises y oscuras,
los callejones sin salida,
las discotecas con el suelo lleno de cristal,
los cigarrillos,
la niebla en mayo
y la lluvia cada cumpleaños;
tus pestañas llenas de pegotes de rímel;
las canciones que nunca compusieron para mí
y las veces que me llamabas para decirme
que me querías,
pero que no podías seguir siéndome fiel, o fiel a ti
—no lo entendí bien—.

Me gusta esto.
Sentarme en una terraza
sólo con una copa de vino tinto;
ver cómo pasan los coches y la gente con prisa;
escuchar cantar a los pájaros al amanecer,
el claxon en un segundo plano:
verte en mi portal, tus gafas de sol de marca

que tan orgullosa luces mientras tapan tus ojeras;
el amanecer contigo, la casualidad, el destino;
ver anochecer, ser complicada;
tener el vientre lleno de dudas.
¡Ah, y mi voz!
Puede que se me olvide algo más,
como el verano,
la risa de mi mejor amiga,
el frío, el olor a café
o el olor a bacon recién hecho
a primera hora de la mañana;
el color amarillo, pero no el rosa,
porque es el color de tus labios.
Y, a pesar de que podría seguir
con esta innumerable lista,
en realidad estoy mintiendo:
no puedo soportar nada de eso.

No me gusta la vida.
No me gusta la monotonía,
la gente cuadriculada, las listas,
el orden ni el caos,
tu mirada despectiva, ni tu voz.
Sin embargo, todo cambia
de repente en una noche
y media botella de tequila después
aquí estoy, perpleja ante ti
y parece que mis pulmones van a estallar
a causa de la risa que estoy conteniendo;

parece que los cigarrillos no se acaban
sólo en dos caladas
y que el frío no molesta
cuando las mejillas arden a causa del alcohol
y te juro que no te mentí,
diciendo que había cristal
en el suelo de las discotecas,
pero quizá pensaste que era de alguna botella
o copa rota, y no la droga.
Y grito, «Dios mío», estoy eufórica.
Míranos, perdiéndonos y siendo viscerales,
capaces de todo y reinas de todo
lo que nuestra vista alcanza
y nuestros labios rozan.
Sin querer me doy cuenta
de que te has maquillado mal esta noche
y tienes pegotes de rímel en el pómulo,
y puede que mañana no quiera comer nada
ni probar gota de algo que no sea agua,
pero ahora mismo pienso seguir bebiendo
hasta que llegue el amanecer, y lo odio,
pero no con tequila.

Tú también,
también eres como yo.
Por eso mismo hoy has salido despeinada
de la parte de atrás del coche
y te he reprochado que seas vulgar y soez,
pero al rato ya estabas cantando

algo que no se te entendía,
mientras mis manos intentaban colocarte bien
el pelo, a duras penas, con la vista borrosa.
Cuando parecía que no podía reprimir más
mi deseo por ti,
me has confesado que estabas enamorada de mí,
pero que mañana te olvidarías,
porque es feo enamorarse así y yo no te entendía,
pero el tequila sí, y vaya… ¡cómo dolía!

No me imagino cómo amaneceré mañana.
Quizá me levante con resaca y triste,
y te llame, con el ánimo por los suelos,
para saber cómo has llegado a casa,
aunque sé la respuesta,
y al rato te vea en mi portal
para darme una explicación de lo que dijiste,
pero sabes que te diré que no tiene importancia,
mientras le doy un trago a la botella
que ayer dejé a medias.
Ni siquiera pude llegar hasta el fondo
o ya estaba en él,
que nunca tiene importancia, y sonrío,
aunque por dentro me esté muriendo
por no poder sacarte esas gafas de sol
que cubren tu mirada vidriosa, y hacerte mía.
Porque en el fondo sabes que mis labios
con sabor a alcohol saben mejor que los suyos.
¡Dios mío, cuánto lo odio!

Sentir cómo se me desgarra el alma
por no poder decirte que no,
que está bien enamorarse así,
pero no puedo, y es frustrante, créeme.
Me está matando desde las entrañas,
pero ya no tengo fuerzas para intentar luchar por ti.
¡Cuánto odio todo esto!
Quizá me odie también a mí,
pero beberé una copa más de tequila
y se irá el dolor.

HASTA QUE TU OCÉANO ME APARTE

Dieciséis mil pestañeos.

Estallé sobre la concavidad de tus iris,
pintados en más de trescientos tonos de marrón,
que se descolocaban y se colaban
en el quicio de las pupilas —que eran puertas—
que chillaban por verme amanecer.

Sé que las pestañas se enredan en abrazos y rímel,
porque la vista cansada
descansa de la realidad un momento
y para cuando vuelve, llora
en lamentos de lunas,
suplicando sueños,
quizá, sueños nuestros entrelazados.

Hasta que tu océano me aparte
seguiré mirando cómo lloras,
cómo iluminas mi vida entre sollozos y pestañeos
que tímidamente se repiten en síntoma de nervios.

Y siento que podría descansar en tus lagrimales,
fotografiarme en tus retinas y retenerme a mí misma
en un efímero encuentro, en lo que dura
un cruce de miradas.
Y nuestros ojos dejarán de mirar almas
cuando tu océano me aparte.
Y si necesitas huir del silencio,
puedes ahogarte en mis pupilas:
las tuyas son puertas, pero las mías,
las mías siguen bajo llave,
y puedes quedarte ahí lo que necesites
o hasta que tu océano me aparte.

Me enamoré en eso, en dieciséis mil pestañeos.

INFIEL

Voy a mirarte a los ojos vidriosos que tienes
y a decirte que te sigo siendo fiel.
Cogeré tu mano y la llevaré a mi cintura despacio
y te diré que eres el único que ha estado ahí,
como la luna en 1969.

Cada cuatro cosas que me susurres
sonreiré y fingiré mi mejor risa;
te juraré que voy a cuidarte como nunca
cuando he empezado a ser tu ruina
desde que te dije mi nombre.

Te preguntarás por qué tienes tanta suerte
de tenerme a mí, tuya, siempre tuya;
sin embargo, cada noche me olvido de ti
al ponerme mis tacones de aguja,
al pasar las tres de la madrugada
y dos martinis rojos.

Pero no me siento mal por ti.
Será que no te quiero tanto como me odio a mí,
así que volveré y dejaré mis zapatos debajo de la cama

y me deslizaré en tus sábanas,
para que tus labios borren
que te he sido infiel esta noche
y no me duele en absoluto.
Seguiré con la cabeza alta,
mientras mi piel arranca todo de la tuya
y te susurraré que no soy tan mala,
cuando lo cierto es que jamás fui diferente
a las otras chicas que intentaron romperte.

Cuando lo pierdas todo por mí y me veas yéndome
con la excusa de que necesito algo nuevo,
verás que no todo lo que reluce es oro
y te imploro que no me obligues a pedirte perdón,
no siento lo que estaba haciendo
y puede que ni llegues a saberlo.

Lo que sí, cuídate bien.
No permito que nadie más grabe su nombre
en una piel que yo misma destrocé.

No todo lo que reluce es oro,
me dedicaré a romperte una y otra vez.
No es que esto me haga mal del todo,
te romperé y te veré volver,
aunque tu piel y tu corazón estén hechos polvo.

Voy a mirarte a esos ojos oscuros que tienes
y a decirte que nunca nadie te será tan fiel.

POR SI NO HAY MAÑANA

Quería decirte que te he escrito versos,
de esos que narran historias tristes,
pero no lo he hecho porque te odie,
sino porque estás a punto de irte.
Por eso no quiero que haya un mañana.

Si no hay mañana, me quedaré aquí,
observando cómo el mundo te dilata las pupilas,
viendo cómo tus uñas se pintan de rojo,
viéndote a ti, como si fueras un mero sueño.

Por si no hay mañana, me gustaría decir
que ayer dejé tus cosas en su sitio,
que podrías empezar a ser un poco más ordenada,
porque si vas a quedarte en este hoy,
deberías reorganizar tu alma y empezar a sentir.

Sin embargo, el sol, en su tónica,
aparece en la ventana
y parece que tú también deseas irte,
mientras intentas, como una crédula,

atrapar sus rayos, y lo consigues,
y yo, que no termino de creerlo,
te veo salir por la ventana sin ninguna maleta,
y para entonces me doy cuenta:
hay un mañana.
Jamás seremos para siempre.

VIAJE A TUS VENAS

El día en que me declaré la guerra
los profetas dijeron que no duraría,
que antes de que todo terminase
algo me desarmaría por completo
y me haría creer que yo no estaba tan vacía.

Y ahora lo entiendo.

Porque tu piel me separó de la mía
en cuanto te rocé;
en tus ojos sólo había eclipses antes de mí
y cuando decidimos aparecernos y ser una,
supe que eras más luna que galaxia
y que yo ya me había convertido en selenita por ti.

Y ahora lo veo.

Y observo cómo la vela que iluminaba tu piel,
esa misma piel que yo había habitado,
ha comenzado a consumirse entre gemidos
y yo, que vago en tu pecho,
deseo también consumirme,

pero en tu vientre,
o en donde quiera que me sientas,
para ofrecerte un viaje nuevo y cálido a mis venas,
mientras llenas mi vacío entre nebulosas
y tu propia luz.

SIGAMOS

Robert Frost dijo que él escogió
el camino menos transitado
y, a pesar de ser más largo,
el sendero que hacían tus huellas
no pude resistirlo.

Así que escogí, sin ver más allá
de tus pasos, seguí.
Elegí el que llevaba a ti,
transitado o no.

A veces, mis pies pesan como piedras
a pesar de ser ligeros,
pero tu pecho era el camino y la meta,
así que no podía detenerme.
Tenía que ver si de verdad eras tú
el lugar donde desembocaban los ríos,
el lugar donde nacían los colores
y, para tu sorpresa,
no me equivocaba.

Seguí a pesar de las barreras,
a pesar de lo lejos que estabas,
a pesar de lo cerca que me seguía el pasado
y cuando ya no pude seguir cargando
con todos mis pecados,
te plantaste ante mí.
Sabías que no podía ni levantarme,
supiste que aquello ya era todo,
que en mí sólo había desiertos
pero no huiste, tendiste tu mano.
Por alguna razón,
no permitiste que volviese a perderme.
Era como tú decías:
no consistía en ver
quién llegaba antes a la meta.

El plan era caminar
y volver a conocer el mundo
contigo.

Cogimos un camino.
Todavía no sabemos cuál,
pero sé que Robert Frost estaba equivocado.
No existe verbo que describa
el sonido de tu piel
al quitarte la ropa.

No existe pecado que exima
a otro error de ser cometido
dos veces por la misma persona.

Se escucha una caricia tras la puerta,
las alas de una paloma.
Se oyen súplicas en una capilla
de quien juró quemar otras.

Si la piel ardiese tan rápido,
no habría escapatoria,
se caen las plumas blancas sin hacer ruido.
Escúchanos ahora que estamos a solas.

Rompe este templo
que juró separarnos.
Quiero arriesgar esta boca
por otra boca.

Ahora el *pranto* y el llanto
se hacen personas.
Ya sólo te veo en ventanas,
nunca fuimos nosotras.

LLUVIA

¿Sabes? Cuando te fuiste,
traté de buscar el error,
dónde había fallado,
y en esa búsqueda hice una lista con todas las cosas
de las que nunca habíamos hablado
y me di cuenta de que nunca llegué a contarte
por qué me gusta la lluvia.

Me gusta por la capacidad que tiene
de detener el mundo, aunque de algún modo
no lo haga completamente.
Parece que la lluvia trae silencio,
un silencio que ensordece pero molesta.

Tan pronto comienza a llover,
las calles se vacían, la gente se cobija,
el mundo se para.

Me encanta cómo podemos deshumanizarnos
todo cuanto queramos,
pero, al final, la lluvia se impone.

Es como una pequeña victoria de la naturaleza
y, citando a Kundera, me doy cuenta
de la insoportable levedad del ser.

Cuando llueve,
el mundo desprende ese ruido melodioso
y arranca del suelo tantísimos olores,
como el de la hierba húmeda
en la que parece que puedes hundirte
y evadirte cinco segundos de tu banal vida.
El sol mientras, escondido,
muestra los colores de otra forma,
más suave, más amable.
No golpea.

La lluvia es como una pequeña pausa,
un respiro, un descanso.

Quizá, por eso, me gusta,
porque en cierto modo yo también deseo detenerme,
detenerte, diluirme en la lluvia,
aunque todavía no sepa cómo.

BUCLE

El acróstico de tu nombre
sólo te disfraza de versos
que no entienden que vernos
es lo único que me salva.

Que vivir, seguir, fallar y encontrarte
es el bucle de mi rutina.
Pero si le falta lo último,
dudo que nada pudiera salvarme.

Y es que me niego a irme en otro barco,
cuando el océano que busco
está entre tus piernas.
Me niego a todo lo que no conlleve
compartirme contigo y llenarme,
porque puede que, al final,
tus palabras sean lo único que me salve.

PARTE III. REPRODUCIRSE

SOBREVIVIRTE

Otra mañana que me despierto en tu cama.

Tus vecinos follando como banda sonora.
Tu cuarto repleto de posters de bandas de *rock*.
Tus brazos llenos de tinta.
Mis pulmones embriagados por tu colonia
—te echas demasiada—.
Un par de extraños en la habitación contigua.
Sólo cervezas en la nevera;
ni siquiera son mis favoritas.
Los pies fríos. Bueno, tus pies fríos.
Mis pendientes en las sábanas, perdidos.
Unas velas de mechero y cerillas consumidas.
El sol filtrándose por la ventana, molesta.
Gemidos.
Los Rolling sonando. Tarareas;
ni siquiera recuerdo qué canción era.
Tu ropa tirada cerca de la alfombra;
la mía a saber dónde la perdí anoche
entre tanto ruido.
Otro cigarrillo que se consume en el cenicero.
Pizza de ayer recalentada en el microondas.

Tus labios todavía húmedos, mi boca tan seca.
Y, de pronto, la cama de otro extraño, otras luces.
Otra música que aprender, que ya no es *rock*.
Otra forma de besar que no termina de gustarme.
Otros ojos que miran diferente,
de un color más apagado.
Otros gemidos desacompasados.
Otras ideas, otros ideales.
Otro tacto, otro aroma, otro sabor.
¿Qué siento?
El techo está demasiado alto,
las uñas demasiado largas.
Estos gemidos ya no me gustan.
¿Dónde están los tuyos?
Otra pastilla que trago con agua del grifo.
Otras muescas. Otros vacíos.
Otras cicatrices que se reabren para sentir algo,
sin anestesia.
Otro extraño que me toca conocer para sobrevivirte.
Otro día que nunca se acaba.
Sé que toca volver a sobrevivirte.

CONTRAPOEMA

Me he despertado tan triste
que he arrancado mis uñas;
he roto mis labios con cristales;
me he bañado en agua hirviendo
y he incrustado astillas en mis ojos
y, aun así, no he podido sentir nada.

Me he despertado sin saber quién era,
y la habitación extraña encogió sus paredes,
los cuadros cayeron hasta debajo de la cama
y grité lo que creía que era mi nombre,
pero ya no estaba segura de nada.

Me desperté aturdida.
Estaba tan triste
que dejé que los cuervos anidasen
en mi pecho.
Y tengo sed, pero me estoy ahogando.
¿Cómo cojones hago ahora para cambiarlo?

Siento que no soy yo,
siento que me salgo de mi cuerpo,

que mis dedos se vuelven fractales
y ya no sé si tengo retinas,
porque no veo;
sólo siento frío sin ser invierno
y en los cristales sólo están las huellas,
que no se borran, de tus dedos.
Reabro cicatrices.
Sólo quiero sentirme,
sentir lo que me hicieron,
sentirlo todo.

Me dilato contra mi propio reflejo,
me declaro la guerra
y esta vez dudo que gane;
rompo sin dolor todos mis huesos,
porque necesito volver a sentir algo,
aunque eso mismo me mate.

VÉRTIGO

Vértigo no son las alturas,
sino no saber si caeré en picado en tu boca,
si volveremos a cometer los mismos pecados,
si volverás para decidir si mi juicio será
por orgullo o piedad.

Vértigo no son las dudas,
es escucharte y recorrer tu cuerpo
en tiempo récord
antes de desnudarte.
Saber que cuando lo haga,
no te habrás ido.

Vértigo no es saltar al vacío sin respuesta,
porque sé que al final del precipicio hallaré tus manos;
vértigo es tocar con mi boca tu frente
y saber a muerte que estamos condenadas
a vivir enredadas a un paracaídas
que se abre sólo cuando hacemos el amor.
Por una vez en mi vida,
tan ajena a todo que dudé de su propia existencia,

busqué resquicios de su piel
donde terminaba la propia vida.
Intenté ser algo más que un mero cuerpo
que se iba perdiendo con el paso de los días
y no hallé más que preguntas en su boca
y la ausencia en ella de mi saliva.

Cuando el salitre empapó sus ropas,
me confesó que jamás había estado perdida.
Dijo que se había ocultado entre poemas y gente,
pero a mí no me alcanzaba la vista,
para darme cuenta que, de repente,
ella era todo lo que no buscaba pero quería.

Me confesó que al verme, supo que yo,
en verdad yo, era su templo,
era refugio y era habitable
hasta que se cansó de que yo fuese cemento
y se trasladó a otro templo de piedra
mientras decía que jamás
había habitado eternamente en otras manos,
aunque yo sabía que no tardaría en hacer
lo mismo con otras almas vacías.

Mientras, el moho y el cieno me cubrieron,
y sus pasos en la lejanía gritaban:
«Todos somos el templo de alguien
alguna vez en nuestras vidas,
aunque al final no vayan a quedarse».

XLIV

El incesante cosquilleo de tus manos
acariciando mi espalda.
La incertidumbre de si perder por ti la cabeza,
cuando aún no somos nada.

Que el humo del tabaco sea lo que rodea mi alma
y mi consciencia en este momento.
Veo tus labios quemarme y volver mi piel ceniza,
desabrochando mis cicatrices a fuego lento.

Qué dulce es observar como todo acaba en ti;
sin embargo, todo acaba… en ti.

Ya te he dicho que mis demonios
no me dejan dormir.
Tú te has ido bohemio, buscando un nuevo París.

Dijiste que Picasso dejó a su amante,
porque en ella no encontró inspiración.
¿Harías eso tú por no componer
nuestra última canción?

Pero ojalá, te digo, que ojalá
yo pudiera olvidarte en acordes,
y ser la primera en ver tu pecho vaciarse,
llenarse de lo poco que había en mí.

Olvidarte en acordes sería así
la forma más fácil de sobrevivir
al vacío que tú dejas cada vez que te vas.
Iba a decir huir,
pero supongo que mi cama
nunca fue tu sitio.

Picasso nunca quiso dejar a su mujer,
pero el pintor era promiscuo e infiel;
sin embargo, supo ver belleza
donde sólo había piel.
Entonces, ¿viste eso tú en mí también?

PLEONASMO

Tres segundos antes del pleonasmo
puede desatarse el caos del efecto mariposa;
pueden romperse los símiles y resquebrajarse
todo lo obvio para desarmarte;
que pienses que yo no seré la excepción,
que tampoco confirmaré la regla,
pero que todavía puedo desordenarte.

Puede, por ejemplo,
romperse el reloj de arena en un suspiro;
puede mentirme y decir que tus manos,
frías y hoscas, lo condensan todo
y yo me lo creería,
porque tres segundos antes del pleonasmo
podría dejar de ser mía.

Y, aunque nada cambie,
seguiré sin saber si mi vida será esa historia
atormentada al quicio de otra boca,
o volveré al bar de siempre
y, en lugar de pedir mesa para dos,

pediré vodka,
que siempre es más barato
que sufrir por "amor".

La situación podría tornarse seria,
pero Dios... Tu voz arrastrada por la calma
me quema viva por dentro;
quería gritarte y gemir alto,
para que las estrellas juzgasen mi alevosía.
Dijiste que tres segundos no bastaban para saber nada,
pero la literatura no se sujeta al tiempo,
y tu nombre junto al mío lo era,
el querernos libres era,
era un pleonasmo.

Bastaron tres segundos
y ya éramos el mayor pleonasmo.
Sólo sé.
Sé que eres el cielo gris,
sé que eres tú quien trae el frío,
quien hiela mi alma y la desgarra
mientras buscas algo que la sane
quien habita bajo mi escritorio;
para helarme los pies
—sabes que así no pienso bien—,
pero eres tempestad y yo sólo soy desierto.

Sé que eres techo pero no cobijo,
sé que amas la claridad de los huesos

mientras los destruyes,
sé que eres la lámpara que no ilumina
y yo sólo trato de ser la oscuridad
que dé luz a tus palabras.

Pero eras y eres causa perdida.
Sé bien que es a ti hacia donde caminan los puentes,
que si sale cara, me lanzo
y se sale cruz, me abordas.
Yo no quiero mirarte desde la otra orilla,
fingir que no estoy condenada a olvidarte.
Eres lo que escuece cuando reabro mis heridas
para hacer sitio a otros males.

Sé que eres cielo gris, puente, frío y tierra;
sé que tus ojos verdes jamás volverán
a deleitarse con un beso;
sé que destruiste tu templo
para herrar por mis orillas;
que te sientas al borde de una piel que no habitas
para fingir que no estás perdido.

Pero no sé qué quieres de mí,
si sólo soy desierto.
Si yo traigo amaneceres,
si todos los caminos se bifurcan al rozarme,
que si sale cara, me ahogo cuando se trata de mí
y si sale cruz, me hundo por mucho trate de salvarme.

Que yo jamás seré patriota,
que fui destierro de miles de manos,
que camino con los pies fríos y la boca seca,
que una vez caminé por los puentes
que llevaban a tus estrías,
pero nunca terminé de cruzarlos.

Sólo sé que si me besas,
el mar inundará las orillas
y caminaremos juntos por la misma.

ATISBOS

Te vi llegar desde lejos,
pero yo sólo fui un atisbo.
Tus largos dedos se colaban
en mi centro y me perdían
entre la niebla.

¡Qué difícil fue quedarme dormida!
Pensaba que no tenías corazón en el pecho,
pero tus gemidos se volvieron
más constantes que los latidos
y, de hecho,
pasé tantas noches en vela
que mis párpados se hicieron barcos
y huyeron.

Te vi llegar desde lejos,
pero yo no tenía nada en mis manos
y en mi cabeza se retorcieron libélulas
llenas de pecados incinerados.

Sólo quiero compartirme contigo
y dejar de ser abstracta;

quiero que puedas mirarme
sin tener que sortear mis vértices.

Te vi llegar desde lejos
yo mientras tropezaba
y mis espinas agarrotadas se partían,
porque me faltaba tu agua.

Quiero tenerte lo más cerca
y perderme en los acantilados
que esconden tus bostezos
después de habernos amado tanto.

Sólo quiero recordar,
poder aferrarme a esto
sin que duela.

CRÍA CUERVOS

Nadie supo nunca acerca de ti,
nadie supo que coleccionabas vinilos
ni que te gustaba la poesía de Poe;
nadie supo de ti hasta que tus manos
se vieron atadas en tu espalda
mientras fotografiaban aquella escena,
ni siquiera yo sabía que acabaría así.

Nadie supo nunca qué había en tu cuarto:
un par de revistas viejas de los 80,
una guitarra medio desafinada,
un par de canciones
y un piano viejo, que encerró tu voz
el día en que te fuiste.

Ni siquiera tu hermana supo cómo eras,
ni supo dónde habías estado aquella noche
o por qué tu coche tenía sangre en el maletero,
por qué vinieron a llevarte preso
un martes a la hora de comer.

Pero entonces encontré tus recuerdos
encerrados entre tabaco y alcohol,
y los gritos de tu madre
para que ordenases la habitación,
y vi cómo una foto se había roto
y comprendí que harías cualquier cosa por ella.

Eras punk-*rock* al estilo clásico,
de los que criaban cuervos,
de los que odiaban a Nirvana,
de los que protegían a su hermana
ante cualquier desagradecido
y puedo jurar que aquel mediodía
te vi salir a rastras con una sonrisa en la cara,
mientras añadías que nadie nunca volvería a dañarla.

Nunca supimos acerca de ti,
hasta que nos contaron lo sucedido
y con sólo una mirada comprendimos
que no temías a nada,
pero temías por tus seres queridos.

Eras un héroe, cría cuervos,
que a ti nunca te arrancarán los ojos.

PARTE IV. RENACER

QUIERO IRME

A ti te asusta pensar
que me despertaré un día
y que dejaré de quererte,
porque así es como funciono.
Pero no entiendes que yo no tengo miedo
a despertar e irme de tu lado,
sino a despertar.

Reconocerme como la cáscara que soy
Y, a la vez, temo reconocerme en el espejo
y no saber si sigo siendo yo.
Te asusta pensar que un día me iré.
A mí me asusta saber
que después de buscar mis dedos,
ya no querrás saber nada.
Ojalá entendieras
el miedo que me da el mar
por no querer reconocer
que llevo años siendo náufraga.
El miedo que le tengo a las paredes,
porque cada día me hacen más pequeña.

A ti te asusta pensar que me iré,
que despertaré un día y te dejaré.
Pero yo no tengo miedo a que te vayas,
sino a que me obligues a quedarme,
no a tu lado,
no aquí.
Ojalá tratases de entenderlo.

FREYA

Veo la bondad en los ojos de alguien
que no conozco.
No sé si te veo en los ojos de los transeúntes,
en este viaje pesado que llevo.
No sé si el alma se desgarra para sanar
y todo eso que veo son partes de lo que me dejaste.

Tal vez, ojalá supiera las respuestas y armarme,
pero no sé, solo veo.

 La vida hace que seamos una casualidad,
que nos rocemos las esperanzas;
juega con las posibilidades y nos deja sin saber,
sin esperar pero atentos, alertas.

Es como despertar:
nadie sabe cuándo, la hora exacta ni el momento.
Solo sabemos que acontecerá
para traernos una realidad que
quién sabe cómo nos juntará esta vez.

Y es que, ¿cómo se junta lo que ya está unido?
La vida siempre pretende darnos más sentidos,
más encuentros, más excusas para olvidarnos,
para reencontrarnos.
Tú y yo no sabemos, solo vemos;
nos observamos y rozamos en este juego
que la vida nos asignó, porque sin excusas
te recibo y también te exilio si me dejas.
Y ahora sé por qué te veo en los ojos de la gente,
por qué me pides en los ojos transeúntes un viaje
a mis manos, a mis cálidas venas; una nueva excusa
para seguir desconociendo conmigo.

IRENE

Ya no me acuerdo
por qué llamaron así al cielo,
pero yo siempre me confundo,
y lo llamo Irene.
Que busco castillos de arena
todavía bajo las olas,
al igual que busco tu cuerpo
bajo las sábanas.
Siempre me pregunto dónde se esconde,
pero nunca lo encuentro.
Reconozco que ya nada es lo mismo.
Las bombillas fundidas ya no traen noches
en las que me buscan tus dedos.
Es como cuando le grito al vacío
que te echo de menos.
Me acabo gritando a mí misma,
a mi propia inexistencia
cuando no me estás besando.
Que han pasado años jovianos,
que las playas ahora están a kilómetros.
Nunca ha sido océano lo que nos ha separado;

quizá sólo fue el viento,
que no me llevó a ti a tiempo.
No entiendo tampoco por qué dejé
que construyeses en mí nuevos recuerdos
si planeabas alejarte,
como un castillo de memorias
carcomido por las zarzas.
Me pregunto si volverás para visitarme,
Para saber qué ha sido de mis sentidos,
que anhelan besarte.
Tú allí, caminando como si el mundo te perteneciese.
Aunque, en cierto modo,
todo lo que tus labios tocaban te pertenecía.
Te busqué bajo las olas
y ahí cometí un error,
porque siempre he confundido el azul del mar
con el resto de cianes.
Pero el cielo siempre será cielo.
¡Cómo iba alguien a alcanzarlo!
Permíteme compararte con él,
a mí me toca seguir bajo el mar.
No sé por qué llamaron así al cielo,
pero todavía me equivoco:
siempre lo llamo Irene.

CIELO LILA

A aquella chica que volvió llorando a casa
después de la mejor fiesta de su vida.
A la que gritó tan alto para pedir ayuda
que se quedó afónica y sin salida.
A la que las oyó gritar y, por miedo,
no dijo nada y se quedó en un segundo plano,
temblando y rezando
para que volviesen a salvo a casa.

A la que buscó entre la basura sus recuerdos,
porque se los habían arrancado.
A la que me salvó de mi ceguera,
porque hasta que vino ella a abrirme los ojos,
no había querido ver nada
y me enseñó que todo era lila.

A la que luchó por mí sin conocerme.
A la que vendió su alma por un arma
para proteger todo en lo que creía.
A la que se siente insegura y se esconde en los espejos
y mira los reflejos de gente infeliz pasar,

mientras aprende que sus estrías no son más
que la cuenta de sus batallas ganadas.

A la que mira el cielo y lo pinta de lila,
y sonríe al pensar que no todo está perdido,
que sus guerras no declaradas no durarán
mientras dure el poder de sus gritos
y sus puños sigan cerrados,
alzándose en súplicas de lunas.

A la que cogió las manos más lejanas
y las unió haciendo ver que nada estaba lejos,
que soñar con un ideal no era de necios,
sino de gente con ganas de vivir
a pesar de los complejos.

Hoy, les escribo a ellas,
porque yo no sé dónde estaría
si me faltasen sus alientos,
sus ansias a pesar de vivir en el tormento
de una tempestad que nos robó la voz
hace demasiado tiempo.

A la que me oyó gritar en el silencio atroz
cuando mi humanidad se estaba muriendo,
salvadme de mí misma, que yo seguiré el ejemplo.

84

XVII

Alguien que me haga sentirme
como realmente soy,
pero en acústico.

ANSIEDAD

De verdad,
que quiero que me gusten el mundo y sus luces,
pero soy incapaz.
Las mismas luces que maravillan
con la llegada de la noche
son las mismas que me paralizan
y no me dejan ver.

He pasado los suficientes años
observando al mundo como para fingir
que esto es sólo una fase.
Se supone que estos son los buenos tiempos, ¿no?
Pues me están matando.
Las incógnitas se repiten hasta hacerse constantes,
viviendo el mismo patrón,
el mismo bucle desorbitado,
las mismas leyes que se aplican si el vaso está vacío.
Todo es demasiado cíclico...

Cínico.

Irreal.

Ojalá pudiera verlo todo
en otra gama de colores que no se apagan,
donde se diferencie el calor del frío.
No sentirme daltónica,
cuando el verde estalla en mis pupilas,
cuando los aviones cruzan el cielo.
Pero es que sólo veo atisbos de sombras alargadas,
adheridas a las cuatro paredes,
con sus figuras deformes cerniéndose sobre mí
y nunca se apagan.

Quiero que me guste el mundo,
pero las guerras hacen ruido
y las voces que solían taparlas se han ido
y ahora que lo escucho todo no puedo escapar.
Lo curioso es que puedes tenerlo todo de él o nada.
Al mismo tiempo. A ninguno. Da igual.
Siempre existirá un vacío que no se llene,
ni con salud, ni con dinero, ni con amor.
¿Qué me queda? ¿Qué nos queda?
Esto hace que te ahogues fuera del agua.
Sólo puedes nadar en círculos dentro de esa botella
que bebiste la noche anterior
en un vano intento de encontrarte,
pero sólo era alcohol.

Es que íbamos tan rápido en el coche y llovía tanto
que parecía que volábamos sobre la ciudad.
Sé que no eran más que reflejos en el agua
y sabía que si nos deteníamos iban a cambiar las cosas.
Pero los edificios y las luces parecían tan reales
que durante un minuto entero creí en aquello.
Creí en el mundo.
Decidí que podría compensarse
sólo si volaba un poco más
y entonces caí en picado.
A veces, dan igual las señales,
porque en el momento justo
en que supe que íbamos a estrellarnos
aceleré.

De verdad,
que quiero que me guste el mundo,
pero la realidad no se parece a nada
que haya amado nunca.
Sólo me recuerda que lo perdí todo
después de un nombre
y para cuando se borró,
el mundo lo hizo consigo.

Me da miedo su forma.
Me da miedo.

SABE A DERROTA

Estoy besándote
y parece que beso a un recuerdo,
que sólo eres parte de lo que vas a dejarme
y tengo miedo,
porque estás a punto de romperme el corazón
y yo… no recuerdo cómo se lloraba.

Estoy haciéndote el amor y parece un mal sueño.
Pareces ausente al contemplar
mi cuerpo en las sábanas,
Supongo que la noche me ha confundido
con un mal sueño.
Supongo que al final de esto seré sólo eso.

Todavía me aferro con los dientes a la almohada.
Estoy llorando y ni lo sientes,
pero yo siento mil cosas
y noto como poco a poco
me voy convirtiendo en el boceto de la idea
que tenías de mí,
tan diferente, tan persuasiva,

tan independiente, tan asertiva,
pero no me parezco.

Estás a punto de romperme el corazón
y yo aquí, tratando de congelar el momento
e intentando recordar cómo se lloraba,
así que besas las yemas de mis dedos y los hundes
en tu boca. No lo entiendo,
pero parece que tengo un poco más de ti.

Y tus dedos.
Amo tus dedos recorriendo mi vientre,
mi espalda, mis costillas…
Como si hubieses encontrado en mi piel
el mapa del mundo.
Te empeñas en convertir mi voz en océano
y cuando parece que vas a hacerlo,
me devuelves a la realidad y se cierra la puerta.
Entonces tus besos saben a derrota,
porque no te quedas,
pero no importa:
sin ti todo sabe a derrota.

PÓLVORA

Y a ti te regalaré mi cuerpo.
Y me quedaré,
hasta que no seamos más que tierra,
sin saber que no somos sólo eso,
porque a mí me dilataste las pupilas,
después de llenarme de sensaciones explosivas,
difíciles de describir.
Es, por eso, que somos pólvora
y a la pólvora hemos de volver.

FINAL

Kavafis dijo que
no se debe echar de menos un destino fácil,
pero yo, de algún modo,
siempre volveré a ti.

Por Carla

A TI MI ESTRELLA

Lo he intentado, te lo juro. He intentado no pensar en cómo te sentirías ahora si me vieras, en ver todo lo que voy consiguiendo.

Siempre se repite el mismo patrón cuando estoy en la casa: 19:30 de la tarde, todo el portal huele a esa mezcla de olor tan característica tuya, tabaco y tú, y aunque hayan pasado años de tu partida, sé que nunca te fuiste.

Estás en mi memoria 365 días, 8.760 horas, 525.600 minutos y 31.536.000 segundos del año. Parece mucho visto así, pero el año pasa tan deprisa que cuando me doy de cuenta, ha vuelto ese puto 6 de mayo y otro año más sin verte, sin abrazarte o tan siquiera jugar a la brisca en tu habitación, que siempre me dejabas ganar.

Cada vez que llego, siempre miro para tu ventana e imagino como se te iluminan aquellos enormes ojos marrones, con esa sonrisa que no te cabe en la cara, con tu forma de llamarme "chiquita" y vuelvo a estar tirada en la alfombra, mirándote hipnotizada por cómo me contabas de memoria la fábula de galgos o podencos con esa maravillosa voz ronca tan tuya.

Me contaron años más tarde que nosotros teníamos una conexión especial, éramos abuelo y nieta, pero juraría que no solo de esta vida, porque todo el amor y admiración que siento por ti es de mucho antes. Ojalá la vida nos vuelva a juntar y me vuelvas a contar como cuando era niña que "con diez cañones por banda, viento en popa a toda vela, no corta el mar, sino vuela un velero bergantín...".

www.ingramcontent.com/pod-product-compliance
Lightning Source LLC
LaVergne TN
LVHW040203180726
843489LV00007B/2660